suhrkamp taschenbuch 3660

Peter Bichsel
Kindergeschichten

Suhrkamp

Die Originalausgabe erschien erstmals 1969
im Hermann Luchterhand Verlag, Darmstadt und Neuwied
Umschlagillustration: Aloys Zötl

suhrkamp taschenbuch 3660
Erste Auflage 2005
© Suhrkamp Verlag Frankfurt am Main 1997
Suhrkamp Taschenbuch Verlag
Druck: Ebner & Spiegel, Ulm
Printed in Germany
Umschlag: Göllner, Michels, Zegarzewski
ISBN 3-518-45660-1

1 2 3 4 5 6 – 10 09 08 07 06 05

Kindergeschichten

Die Erde ist rund

Ein Mann, der weiter nichts zu tun hatte, nicht mehr verheiratet war, keine Kinder mehr hatte und keine Arbeit mehr, verbrachte seine Zeit damit, daß er sich alles, was er wußte, noch einmal überlegte.

Er gab sich nicht damit zufrieden, daß er einen Namen hatte, er wollte auch genau wissen, warum und woher. Er blätterte also tagelang in alten Büchern, bis er darin seinen Namen fand.

Dann stellte er zusammen, was er alles wußte, und er wußte dasselbe wie wir.

Er wußte, daß man die Zähne putzen muß.

Er wußte, daß Stiere auf rote Tücher losrennen und daß es in Spanien Toreros gibt.

Er wußte, daß der Mond um die Erde

kreist und daß der Mond kein Gesicht hat, daß das nicht Augen und Nasen sind, sondern Krater und Berge.

Er wußte, daß es Blas-, Streich- und Schlaginstrumente gibt.

Er wußte, daß man Briefe frankieren muß, daß man rechts fahren muß, daß man die Fußgängerstreifen benützen muß, daß man Tiere nicht quälen darf. Er wußte, daß man sich zur Begrüßung die Hand gibt, daß man den Hut bei der Begrüßung vom Kopf nimmt.

Er wußte, daß sein Hut aus Haarfilz ist und daß die Haare von Kamelen stammen, daß es einhöckrige und zweihöckrige gibt, daß man die einhöckrigen Dromedare nennt, daß es Kamele in der Sahara gibt und in der Sahara Sand.

Das wußte er.

Er hatte es gelesen, es wurde ihm erzählt, er hatte es im Kino gesehen. Er wußte: In der Sahara gibt es Sand. Er war zwar noch nie da, aber er hatte gelesen darüber, und er wußte auch, daß Kolumbus Amerika entdeckt hat, weil er daran glaubte, daß die Erde rund ist.

Die Erde ist rund, das wußte er.

Seit man das weiß, ist sie eine Kugel, und wenn man immer geradeaus geht, kommt man wieder zurück an den Ort, von dem man ausgegangen ist.

Nur sieht man nicht, daß sie rund ist, und deshalb wollten die Leute das lange nicht glauben, denn wenn man sie anschaut, ist sie gerade, oder sie geht hinauf oder hinunter, sie ist mit Bäumen bepflanzt und mit Häusern bebaut, und nirgends biegt sie sich zu einer Kugel; dort, wo sie es tun könnte, auf dem Meer, dort hört das Meer einfach auf, endet in einem Strich, und man sieht nicht, wie sich das Meer und wie sich die Erde biegt.

Es sieht so aus, als würde die Sonne am Morgen aus dem Meer steigen und abends zurücksinken ins Meer.

Doch wir wissen, daß es nicht so ist, denn

die Sonne bleibt an ihrem Ort, und nur die Erde dreht sich, die runde Erde, jeden Tag einmal.

Das wissen wir alle, und der Mann wußte das auch.

Er wußte, wenn man immer geradeaus geht, kommt man nach Tagen, Wochen, Monaten und Jahren an denselben Ort zurück; wenn er jetzt von seinem Tisch aufstände und wegginge, käme er, später, von der andern Seite wieder zu seinem Tisch zurück.

Das ist so, und man weiß es.

»Ich weiß«, sagte der Mann, »wenn ich immer geradeaus gehe, komme ich an diesen Tisch zurück.«

»Das weiß ich«, sagte er, »aber das glaube ich nicht, und deshalb muß ich es ausprobieren.«

»Ich werde geradeaus gehen«, rief der Mann, der weiter nichts zu tun hatte, denn wer nichts zu tun hat, kann geradesogut geradeaus gehen.

Nun sind aber die einfachsten Dinge die schwersten. Vielleicht wußte das der Mann, aber er ließ sich nichts anmerken und kaufte sich einen Globus. Darauf zog er einen Strich von hier aus rund herum und zurück nach hier.

Dann stand er vom Tisch auf, ging vor sein Haus, schaute in die Richtung, in die er gehen wollte, und sah da ein anderes Haus.

Sein Weg führte genau über dieses Haus, und er durfte nicht um es herum gehen, weil er dabei die Richtung hätte verlieren können.

Deshalb konnte die Reise noch nicht beginnen.

Er ging zurück an seinen Tisch, nahm ein Blatt Papier und schrieb darauf: »Ich brauche eine große Leiter.« Dann dachte er daran, daß hinter dem Haus der Wald beginnt, und einige Bäume standen mitten auf seinem geraden Weg, die mußte er überklettern, deshalb schrieb er auf sein

Blatt: »Ich brauche ein Seil, ich brauche Klettereisen für die Füße.«

Beim Klettern kann man sich verletzen.

»Ich brauche eine Taschenapotheke«, schrieb der Mann. »Ich brauche einen Regenschutz, Bergschuhe und Wanderschuhe, Stiefel und Winterkleider und Sommerkleider. Ich brauche einen Wagen für die Leiter, das Seil und die Eisen, für Taschenapotheke, Bergschuhe, Wanderschuhe, Winterkleider, Sommerkleider.«

Jetzt hatte er eigentlich alles; aber hinter dem Wald war der Fluß, darüber führte zwar eine Brücke, aber sie lag nicht auf seinem Weg.

»Ich brauche ein Schiff«, schrieb er, »und ich brauche einen Wagen für das Schiff und ein zweites Schiff für die beiden Wagen und einen dritten Wagen für das zweite Schiff.«

Da der Mann aber nur einen Wagen zie-

hen konnte, brauchte er noch zwei Männer, die die andern Wagen ziehen, und die
zwei Männer brauchten auch Schuhe
und Kleider und einen Wagen dafür und
jemanden, der den Wagen zieht. Und die
Wagen mußten alle vorerst einmal über
das Haus; dazu braucht man einen Kran
und einen Mann, der den Kran führt, und
ein Schiff für den Kran und einen Wagen
für das Schiff und einen Mann, der den
Wagen für das Schiff für den Kran zieht,
und dieser Mann brauchte einen Wagen
für seine Kleider und jemanden, der diesen Wagen zieht.

»Jetzt haben wir endlich alles«, sagte der
Mann, »jetzt kann die Reise losgehen«,
und er freute sich, weil er jetzt gar keine
Leiter brauchte und auch kein Seil und
keine Klettereisen, weil er ja einen Kran
hatte.
Er brauchte viel weniger Dinge: Nur eine
Taschenapotheke, einen Regenschutz,

Bergschuhe, Wanderschuhe, Stiefel und Kleider, einen Wagen, ein Schiff, einen Wagen für das Schiff und ein Schiff für die Wagen und einen Wagen für das Schiff mit den Wagen. Zwei Männer und einen Wagen für die Kleider der Männer und einen Mann, der den Wagen zieht, einen Kran und einen Mann für den Kran und ein Schiff für den Kran und einen Wagen für das Schiff und einen Mann, der den Wagen für das Schiff mit dem Kran zieht, und einen Wagen für seine Kleider und einen Mann, der den Wagen zieht, und der kann seine Kleider auch auf diesen Wagen tun und die Kleider des Kranführers auch; denn der Mann wollte möglichst wenige Wagen mitnehmen.

Jetzt brauchte er nur noch einen Kran, mit dem er den Kran über die Häuser ziehen konnte, einen größeren Kran also, dazu Kranführer und ein Kranschiff und einen Kranschiffwagen, einen Kranschiffwagenzieher, einen Kranschiffwagenzieherkleiderwagen und einen Kranschiffwagenzieherkleiderwagenzieher, der dann auch seine Kleider und die Kleider des Kranführers auf den Wagen laden konnte, damit es nicht zu viele Wagen braucht.

Er brauchte also nur zwei Kräne, acht Wagen, vier Schiffe und neun Männer. Auf das erste Schiff kommt der kleine Kran. Auf das zweite Schiff kommt der große Kran, auf das dritte Schiff kommen der erste und der zweite Wagen, auf das vierte Schiff kommen der dritte und der vierte Wagen. Er brauchte also noch ein Schiff für den fünften und sechsten Wagen und ein Schiff für den siebten und achten Wagen.

Und zwei Wagen für diese Schiffe.

Und ein Schiff für diese Wagen.

Und einen Wagen für dieses Schiff.

Und drei Wagenzieher.

Und einen Wagen für die Kleider der Wagenzieher.

Und einen Wagenzieher für den Kleiderwagen.

Und den Kleiderwagen kann man dann auf das Schiff laden, auf dem erst ein Wagen steht.

Daß er für den zweiten großen Kran einen dritten noch größern braucht und für den dritten einen vierten, einen fünften, einen sechsten, daran dachte der Mann gar nicht.

Aber er dachte daran, daß nach dem Fluß die Berge kommen und daß man die Wagen nicht über die Berge bringt und die Schiffe schon gar nicht.

Die Schiffe müssen aber über die Berge, weil nach dem Berg ein See kommt, und er brauchte Männer, die die Schiffe tragen, und Schiffe, die die Männer über den See bringen, und Männer, die diese Schiffe tragen, und Wagen für die Kleider der Männer und Schiffe für die Wagen der Kleider der Männer.

Und er brauchte jetzt ein zweites Blatt Papier.

Darauf schrieb er Zahlen.

Eine Taschenapotheke kostet 7 Franken 20 Rappen, ein Regenschutz 52 Franken, Bergschuhe 74 Franken, Wanderschuhe kosten 43 Franken, Stiefel kosten etwas und Kleider kosten.

Ein Wagen kostet mehr als all das zusammen, und ein Schiff kostet viel, und ein Kran kostet mehr als ein Haus, und das Schiff für den Kran muß ein großes Schiff sein, und große Schiffe kosten mehr als kleine, und ein Wagen für ein großes Schiff muß ein riesengroßer Wagen sein, und riesengroße Wagen sind sehr teuer. Und Männer wollen verdienen bei ihrer Arbeit, und man muß sie suchen, und sie sind schwer zu finden.

Das alles machte den Mann sehr traurig, denn er war inzwischen 80 Jahre alt geworden, und er mußte sich beeilen, wenn er noch vor seinem Tod zurück sein wollte.

So kaufte er sich dann doch nichts anderes als eine große Leiter, er lud sie auf die Schulter und ging langsam weg. Er ging auf das andere Haus zu, stellte die Leiter an, prüfte, ob sie auch richtig Halt habe und stieg dann langsam die Leiter hoch. Da erst ahnte ich, daß es ihm ernst war mit seiner Reise, und ich rief ihm nach: »Halt, kommen Sie zurück, das hat keinen Sinn.«

Aber er hörte mich nicht mehr. Er war bereits auf dem Dach und zog die Leiter hoch, schleppte sie mühsam zum Dachgiebel, ließ sie auf der andern Seite hinunter. Er schaute nicht einmal mehr zurück, als er über den Giebel des Daches stieg und verschwand.

Ich habe ihn nie mehr gesehen. Das geschah vor zehn Jahren, und damals war er achtzig.

Er müßte jetzt neunzig sein. Vielleicht hat er es eingesehen und seine Reise auf-

gegeben, noch bevor er in China war.
Vielleicht ist er tot.

Aber hie und da gehe ich vor das Haus
und schaue nach Westen, und ich würde
mich doch freuen, wenn er eines Tages
aus dem Wald träte, müde und langsam,
aber lächelnd, wenn er auf mich zukäme
und sagte:

»Jetzt glaube ich es, die Erde ist rund.«

Ein Tisch ist ein Tisch

Ich will von einem alten Mann erzählen, von einem Mann, der kein Wort mehr sagt, ein müdes Gesicht hat, zu müd zum Lächeln und zu müd, um böse zu sein. Er wohnt in einer kleinen Stadt, am Ende der Straße oder nahe der Kreuzung. Es lohnt sich fast nicht, ihn zu beschreiben, kaum etwas unterscheidet ihn von andern. Er trägt einen grauen Hut, graue Hosen, einen grauen Rock und im Winter den langen grauen Mantel, und er hat einen dünnen Hals, dessen Haut trocken und runzelig ist, die weißen Hemdkragen sind ihm viel zu weit.

Im obersten Stock des Hauses hat er sein Zimmer, vielleicht war er verheiratet und hatte Kinder, vielleicht wohnte er früher in einer andern Stadt. Bestimmt war er einmal ein Kind, aber das war zu einer

Zeit, wo die Kinder wie Erwachsene angezogen waren. Man sieht sie so im Fotoalbum der Großmutter. In seinem Zimmer sind zwei Stühle, ein Tisch, ein Teppich, ein Bett und ein Schrank. Auf einem kleinen Tisch steht ein Wecker, daneben liegen alte Zeitungen und das Fotoalbum, an der Wand hängen ein Spiegel und ein Bild.

Der alte Mann machte morgens einen Spaziergang und nachmittags einen Spaziergang, sprach ein paar Worte mit seinem Nachbarn, und abends saß er an seinem Tisch.

Das änderte sich nie, auch sonntags war das so. Und wenn der Mann am Tisch saß, hörte er den Wecker ticken, immer den Wecker ticken.

Dann gab es einmal einen besonderen Tag, einen Tag mit Sonne, nicht zu heiß, nicht zu kalt, mit Vogelgezwitscher, mit freundlichen Leuten, mit Kindern, die spielten – und das Besondere war, daß das alles dem Mann plötzlich gefiel.

Er lächelte.

»Jetzt wird sich alles ändern«, dachte er.

Er öffnete den obersten Hemdknopf, nahm den Hut in die Hand, beschleunigte seinen Gang, wippte sogar beim Gehen in den Knien und freute sich. Er kam in seine Straße, nickte den Kindern zu, ging vor sein Haus, stieg die Treppe hoch, nahm die Schlüssel aus der Tasche und schloß sein Zimmer auf.

Aber im Zimmer war alles gleich, ein Tisch, zwei Stühle, ein Bett. Und wie er sich hinsetzte, hörte er wieder das Tikken, und alle Freude war vorbei, denn nichts hatte sich geändert.

Und den Mann überkam eine große Wut.

Er sah im Spiegel sein Gesicht rot anlaufen, sah, wie er die Augen zukniff; dann verkrampfte er seine Hände zu Fäusten, hob sie und schlug mit ihnen auf die Tischplatte, erst nur einen Schlag, dann noch einen, und dann begann er auf den Tisch zu trommeln und schrie dazu immer wieder:

»Es muß sich ändern, es muß sich ändern!«

Und er hörte den Wecker nicht mehr. Dann begannen seine Hände zu schmerzen, seine Stimme versagte, dann hörte er den Wecker wieder, und nichts änderte sich.

»Immer derselbe Tisch«, sagte der Mann, »dieselben Stühle, das Bett, das Bild. Und dem Tisch sage ich Tisch, dem Bild sage ich Bild, das Bett heißt Bett, und den Stuhl nennt man Stuhl. Warum denn eigentlich?« Die Franzosen sagen dem Bett »li«, dem Tisch »tabl«, nennen das Bild »tablo« und den Stuhl »schäs«, und sie verstehen sich. Und die Chinesen verstehen sich auch.

»Weshalb heißt das Bett nicht Bild«, dachte der Mann und lächelte, dann lachte er, lachte, bis die Nachbarn an die Wand klopften und »Ruhe« riefen.

»Jetzt ändert es sich«, rief er und sagte von nun an dem Bett »Bild«.

»Ich bin müde, ich will ins Bild«, sagte er, und morgens blieb er oft lange im Bild liegen und überlegte, wie er nun dem Stuhl sagen wolle, und er nannte den Stuhl »Wecker«.

Er stand also auf, zog sich an, setzte sich auf den Wecker und stützte die Arme auf den Tisch. Aber der Tisch hieß jetzt nicht mehr Tisch, er hieß jetzt Teppich.

Am Morgen verließ also der Mann das Bild, zog sich an, setzte sich an den Teppich auf den Wecker und überlegte, wem er wie sagen könnte.

Dem Bett sagte er Bild.
Dem Tisch sagte er Teppich.
Dem Stuhl sagte er Wecker.
Der Zeitung sagte er Bett.
Dem Spiegel sagte er Stuhl.
Dem Wecker sagte er Fotoalbum.
Dem Schrank sagte er Zeitung.
Dem Teppich sagte er Schrank.

Dem Bild sagte er Tisch.

Und dem Fotoalbum sagte er Spiegel.

Also:

Am Morgen blieb der alte Mann lange im Bild liegen, um neun läutete das Fotoalbum, der Mann stand auf und stellte sich auf den Schrank, damit er nicht an die Füße fror, dann nahm er seine Kleider aus der Zeitung, zog sich an, schaute in den Stuhl an der Wand, setzte sich dann auf den Wecker an den Teppich und blätterte den Spiegel durch, bis er den Tisch seiner Mutter fand.

Der Mann fand es lustig, und er übte den ganzen Tag und prägte sich die neuen Wörter ein. Jetzt wurde alles umbenannt: Er war jetzt kein Mann mehr, sondern ein Fuß, und der Fuß war ein Morgen und der Morgen ein Mann.

Jetzt könnt ihr die Geschichte selbst weiterschreiben. Und dann könnt ihr, so wie es der Mann machte, auch die anderen Wörter austauschen:

läuten heißt stellen,
frieren heißt schauen,
liegen heißt läuten,
stehen heißt frieren,
stellen heißt blättern.

So daß es dann heißt:

Am Mann blieb der alte Fuß lange im Bild läuten, um neun stellte das Fotoalbum, der Fuß fror auf und blätterte sich auf den Schrank, damit er nicht an die Morgen schaute.

Der alte Mann kaufte sich blaue Schulhefte und schrieb sie mit den neuen Wörtern voll, und er hatte viel zu tun damit, und man sah ihn nur noch selten auf der Straße.

Dann lernte er für alle Dinge die neuen Bezeichnungen und vergaß dabei mehr und mehr die richtigen. Er hatte jetzt eine neue Sprache, die ihm ganz alleine gehörte.

Hie und da träumte er schon in der neuen Sprache, und dann übersetzte er die Lie-

der aus seiner Schulzeit in seine Sprache,
und er sang sie leise vor sich hin.

Aber bald fiel ihm auch das Übersetzen
schwer, er hatte seine alte Sprache fast
vergessen, und er mußte die richtigen
Wörter in seinen blauen Heften suchen.
Und es machte ihm Angst, mit den Leuten zu sprechen. Er mußte lange nach-
denken, wie die Leute zu den Dingen sagen.

Seinem Bild sagen die Leute Bett.

Seinem Teppich sagen die Leute
Tisch.

Seinem Wecker sagen die Leute Stuhl.

Seinem Bett sagen die Leute Zeitung.

Seinem Stuhl sagen die Leute Spiegel.

Seinem Fotoalbum sagen die Leute
Wecker.

Seiner Zeitung sagen die Leute
Schrank.

Seinem Schrank sagen die Leute Teppich.

Seinem Tisch sagen die Leute Bild.

Seinem Spiegel sagen die Leute Fotoalbum.

Und es kam so weit, daß der Mann lachen mußte, wenn er die Leute reden hörte.

Er mußte lachen, wenn er hörte, wie jemand sagte:

»Gehen Sie morgen auch zum Fußballspiel?« Oder wenn jemand sagte: »Jetzt regnet es schon zwei Monate lang.« Oder wenn jemand sagte: »Ich habe einen Onkel in Amerika.«

Er mußte lachen, weil er all das nicht verstand.

Aber eine lustige Geschichte ist das nicht. Sie hat traurig angefangen und hört traurig auf.

Der alte Mann im grauen Mantel konnte die Leute nicht mehr verstehen, das war nicht so schlimm.

Viel schlimmer war, sie konnten ihn nicht mehr verstehen.

Und deshalb sagte er nichts mehr.
Er schwieg,
sprach nur noch mit sich selbst,
grüßte nicht einmal mehr.

Amerika gibt es nicht

Ich habe die Geschichte von einem Mann, der Geschichten erzählt. Ich habe ihm mehrmals gesagt, daß ich seine Geschichte nicht glaube.

»Sie lügen«, habe ich gesagt, »Sie schwindeln, Sie phantasieren, Sie betrügen.«

Das beeindruckte ihn nicht. Er erzählte ruhig weiter, und als ich rief: »Sie Lügner, Sie Schwindler, Sie Phantast, Sie Betrüger!«, da schaute er mich lange an, schüttelte den Kopf, lächelte traurig und sagte dann so leise, daß ich mich fast schämte: »Amerika gibt es nicht.«

Ich versprach ihm, um ihn zu trösten, seine Geschichte aufzuschreiben:

Sie beginnt vor fünfhundert Jahren am Hofe eines Königs, des Königs von Spanien. Ein Palast, Seide und Samt, Gold,

Silber, Bärte, Kronen, Kerzen, Diener
und Mägde; Höflinge, die sich im Mor-
gengrauen gegenseitig die Degen in die
Bäuche rennen, die sich am Abend zuvor
den Fehdehandschuh vor die Füße ge-
schmissen haben. Auf dem Turm fanfa-
renblasende Wächter. Und Boten, die
vom Pferd springen, und Boten, die sich
in den Sattel werfen, Freunde des Königs
und falsche Freunde, Frauen, schöne und
gefährliche, und Wein und um den Palast
herum Leute, die nichts anderes wußten,
als all das zu bezahlen.

Aber auch der König wußte nichts anderes, als so zu leben, und wie man auch
lebt, ob in Saus und Braus oder Armut,
ob in Madrid, Barcelona oder irgendwo,
am Ende ist es doch täglich dasselbe, und
man langweilt sich. So stellen sich die
Leute, die irgendwo wohnen, Barcelona
schön vor, und die Leute von Barcelona
möchten nach Irgendwo reisen.

Die Armen stellen es sich schön vor, wie

der König zu leben, und leiden darunter, daß der König glaubt, arm sein sei für die Armen das richtige.

Am Morgen steht der König auf, am Abend geht der König ins Bett, und tagsüber langweilt er sich mit seinen Sorgen, mit seinen Dienern, seinem Gold, Silber, Samt, seiner Seide, langweilt sich mit seinen Kerzen. Sein Bett ist prunkvoll, aber man kann darin auch nicht viel anderes tun als schlafen.

Die Diener machen am Morgen tiefe Verbeugungen, jeden Morgen gleich tief, der König ist daran gewöhnt und schaut nicht einmal hin. Jemand gibt ihm die Gabel, jemand gibt ihm das Messer, jemand schiebt ihm den Stuhl zu, und die Leute, die mit ihm sprechen, sagen Majestät und sehr viele schöne Worte dazu und sonst nichts.

Nie sagt jemand zu ihm: »Du Trottel, du Schafskopf«, und alles, was sie ihm heute sagen, haben sie ihm gestern schon gesagt.

So ist das.

Und deshalb haben Könige Hofnarren.

Die dürfen tun, was sie wollen, und sagen, was sie wollen, um den König zum Lachen zu bringen, und wenn er über sie nicht mehr lachen kann, bringt er sie um oder so.

So hatte er einmal einen Narren, der verdrehte die Worte. Das fand der König lustig. Der sagte »Stajesmät« statt »Majestät«, der sagte »Lapast« statt »Palast« und »Tuten Gat« statt »Guten Tag«.

Ich finde das blöd, der König fand das lustig. Ein ganzes halbes Jahr lang fand er es lustig; bis zum siebten Juli, und am achten, als er aufstand und der Narr kam und »Tuten Gat, Stajesmät« sagte, sagte der König: »Schafft mir den Narren vom Hals!«

Ein anderer Narr, ein kleiner dicker, Pepe hieß der, gefiel dem König sogar nur vier Tage lang, der brachte den König damit zum Lachen, daß er auf die Stühle der

Damen und Herren, der Fürsten, Herzöge, Freiherren und Ritter Honig strich. Am vierten Tag strich er Honig auf den Stuhl des Königs, und der König mußte nicht mehr lachen, und Pepe war kein Narr mehr.

Nun kaufte sich der König den schrecklichsten Narren der Welt. Häßlich war er, dünn und dick zugleich, lang und klein zugleich, und sein linkes Bein war ein O-Bein. Niemand wußte, ob er sprechen konnte und absichtlich nicht sprach oder ob er stumm war. Sein Blick war böse, sein Gesicht mürrisch; das einzig Liebliche an ihm war sein Name: er hieß Hänschen.

Das Gräßlichste aber war sein Lachen.

Es begann ganz klein und gläsern ganz tief im Bauch, gluckste hoch, ging langsam über in ein Rülpsen, machte Hänschens Kopf rot, ließ ihn fast ersticken, bis er losplatzte, explodierte, dröhnte, schrie; dann stampfte er dazu und tanzte und lachte; und nur der König freute sich daran, die andern wurden bleich, begannen zu zittern und fürchteten sich. Und wenn die Leute rings um das Schloß das Lachen hörten, sperrten sie Türen und Fenster zu, schlossen die Läden, brachten die Kinder zu Bett und verschlossen sich die Ohren mit Wachs.

Hänschens Lachen war das Fürchterlichste, was es gab.

Der König konnte sagen, was er wollte, Hänschen lachte.

Der König sagte Dinge, über die niemand lachen kann, aber Hänschen lachte. Und eines Tages sagte der König: »Hänschen, ich hänge dich auf.«

Und Hänschen lachte, brüllte los, lachte wie noch nie.

Da beschloß der König, daß Hänschen morgen gehängt werden soll. Er ließ einen Galgen bauen, und es war ihm ernst mit seinem Beschluß, er wollte Hänschen vor dem Galgen lachen hören. Dann befahl er allen Leuten, sich das böse Schauspiel anzuschauen. Die Leute versteckten sich aber und verriegelten ihre Türen, und am Morgen war der König mit dem Henker, mit den Knechten und dem lachenden Hänschen allein.

Und er schrie seinen Knechten zu: »Holt mir die Leute her!« Die Knechte suchten die ganze Stadt ab und fanden niemanden, und der König war zornig, und Hänschen lachte.

Da endlich fanden die Knechte einen Knaben, den schleppten sie vor den König. Der Knabe war klein, bleich und schüchtern, und der König wies auf den Galgen und befahl ihm, zuzuschauen.

Der Knabe schaute zum Galgen, lächelte, klatschte in die Hände, staunte und sagte dann: »Sie müssen ein guter König sein, daß Sie ein Bänklein für die Tauben bauen; sehn Sie, zwei haben sich bereits darauf gesetzt.«

»Du bist ein Trottel«, sagte der König, »wie heißt du?«

»Ich bin ein Trottel, Herr König, und ich heiße Colombo, meine Mutter nennt mich Colombin«.

»Du Trottel«, sagte der König, »hier wird jemand gehängt.«

»Wie heißt er denn?« fragte Colombin, und als er den Namen hörte, sagte er: »Ein schöner Name, Hänschen heißt er also. Wie kann man einen Mann, der so schön heißt, aufhängen?«

»Er lacht so gräßlich«, sagte der König, und er befahl dem Hänschen zu lachen, und Hänschen lachte doppelt so gräßlich wie gestern.

Colombin staunte, dann sagte er: »Herr König, finden Sie das gräßlich?« Der König war überrascht und konnte nicht antworten, und Colombin fuhr fort: »Mir gefällt sein Lachen nicht besonders, aber die Tauben sitzen immer noch auf dem Galgen; es hat sie nicht erschreckt; sie finden das Lachen nicht gräßlich. Tauben haben ein feines Gehör. Man muß Hänschen laufen lassen.«

Der König überlegte und sagte dann: »Hänschen, scher dich zum Teufel.«

Und Hänschen sprach zum ersten Mal ein Wort. Er sagte zu Colombin: »Danke!« und lächelte dazu ein schönes menschliches Lächeln und ging.

Der König hatte keinen Narren mehr.

»Komm mit«, sagte er zu Colombin.

Des Königs Diener und Mägde, die Grafen und alle glaubten aber, Colombin sei der neue Hofnarr.

Doch Colombin war gar nicht lustig. Er stand da und staunte, sprach selten ein Wort und lachte nicht, er lächelte nur und brachte niemanden zum Lachen.

»Er ist kein Narr, er ist ein Trottel«, sagten die Leute, und Colombin sagte: »Ich bin kein Narr, ich bin ein Trottel.«

Und die Leute lachten ihn aus.

Wenn das der König gewußt hätte, wäre er böse geworden, aber Colombin sagte ihm nichts davon, denn es machte ihm nichts aus, ausgelacht zu werden.

Am Hofe gab es starke Leute und gescheite Leute, der König war ein König, die Frauen waren schön und die Männer mutig, der Pfarrer war fromm und die Küchenmagd fleißig – nur Colombin, Colombin war nichts.

Wenn jemand sagte: »Komm, Colombin, kämpf mit mir«, sagte Colombin: »Ich bin schwächer als du.«

Wenn jemand sagte: »Wieviel gibt zwei mal sieben?«, sagte Colombin: »Ich bin dümmer als du.«

Wenn jemand sagte: »Getraust du dich, über den Bach zu springen«, sagte Colombin: »Nein, ich getraue mich nicht.«

Und wenn der König fragte: »Colombin, was willst du werden?«, antwortete Colombin: »Ich will nichts werden, ich bin schon etwas, ich bin Colombin.«

Der König sagte: »Du mußt aber etwas werden«, und Colombin fragte: »Was kann man werden?«

Da sagte der König: »Jener Mann mit dem Bart, mit dem braunen, ledernen Gesicht, das ist ein Seefahrer. Der wollte Seefahrer werden und ist Seefahrer geworden, er segelt über die Meere und entdeckt Länder für seinen König.«

»Wenn du willst, mein König«, sagte Colombin, »werde ich Seefahrer.«

Da mußte der ganze Hof lachen.

Und Colombin rannte weg, fort aus dem Saal und schrie: »Ich werde ein Land entdecken, ich werde ein Land entdekken!«

Die Leute schauten sich an und schüttelten die Köpfe, und Colombin rannte aus dem Schloß, durch die Stadt und über das Feld, und den Bauern, die auf den Feldern standen und ihm nachschauten, rief er zu: »Ich werde ein Land entdecken, ich werde ein Land entdecken!«

Und er kam in den Wald und versteckte sich wochenlang unter den Büschen, und wochenlang hörte niemand etwas von Colombin, und der König war traurig und machte sich Vorwürfe, und die Hofleute schämten sich, weil sie Colombin ausgelacht hatten.

Und sie waren froh, als nach Wochen der Wächter auf dem Turm die Fanfare blies und Colombin über die Felder kam, durch die Stadt kam, durchs Tor kam, vor den König trat und sagte: »Mein König, Colombin hat ein Land entdeckt!«

Und weil die Hofleute Colombin nicht mehr auslachen wollten, machten sie ernste Gesichter und fragten: »Wie heißt es denn, und wo liegt es?«

»Es heißt noch nicht, weil ich es erst entdeckt habe, und es liegt weit draußen im Meer«, sagte Colombin.

Da erhob sich der bärtige Seefahrer und sagte: »Gut, Colombin, ich, Amerigo Vespucci, gehe das Land suchen. Sag mir, wo es liegt.«

»Sie fahren ins Meer und dann immer geradeaus, und Sie müssen fahren, bis Sie zu dem Land kommen, und Sie dürfen nicht verzweifeln«, sagte Colombin, und er hatte fürchterliche Angst, weil er ein Lügner war und wußte, daß es das Land nicht gibt, und er konnte nicht mehr schlafen.

Amerigo Vespucci aber machte sich auf die Suche.

Niemand weiß, wohin er gefahren ist.

Vielleicht hat auch er sich im Walde versteckt.

Dann bliesen die Fanfaren, und Amerigo kam zurück.

Colombin wurde rot im Gesicht und wagte den großen Seefahrer nicht anzuschauen. Vespucci stellte sich vor den König, blinzelte dem Colombin zu, holte tief Atem, blinzelte noch einmal dem Colombin zu und sagte laut und deutlich, so daß es alle hören konnten: »Mein König«, so sagte er, »mein König, das Land gibt es.«

Colombin war so froh, daß ihn Vespucci nicht verraten hatte, daß er auf ihn zulief, ihn umarmte und rief: »Amerigo, mein lieber Amerigo!«

Und die Leute glaubten, das sei der Name des Landes, und sie nannten das Land, das es nicht gibt, »Amerika«.

»Du bist jetzt ein Mann«, sagte der König zu Colombin, »von nun ab heißt du Kolumbus.«

Und Kolumbus wurde berühmt, und alle bestaunten ihn und flüsterten sich zu: »Der hat Amerika entdeckt.«

Und alle glaubten, daß es Amerika gibt, nur Kolumbus war nicht sicher, sein ganzes Leben zweifelte er daran, und er wagte den Seefahrer nie nach der Wahrheit zu fragen.

Bald fuhren aber andere Leute nach Amerika und bald sehr viele; und die, die zurückkamen, behaupteten: »Amerika gibt es!«

»Ich«, sagte der Mann, von dem ich die Geschichte habe, »ich war noch nie in Amerika. Ich weiß nicht, ob es Amerika gibt. Vielleicht tun die Leute nur so, um Colombin nicht zu enttäuschen. Und wenn zwei sich von Amerika erzählen, blinzeln sie sich heute noch zu, und sie sagen fast nie Amerika, sie sagen meistens etwas Undeutliches von ›Staaten‹ oder ›Drüben‹ oder so.«

Vielleicht erzählt man den Leuten, die nach Amerika wollen, im Flugzeug oder im Schiff die Geschichte von Colombin, und dann verstecken sie sich irgendwo und kommen später zurück und erzählen von Cowboys und von Wolkenkratzern, von den Niagarafällen und vom Mississippi, von New York und von San Francisco.

Auf jeden Fall erzählen alle dasselbe, und alle erzählen Dinge, die sie vor der Reise

schon wußten; und das ist doch sehr ver-
dächtig.
Aber immer noch streiten sich die Leute
darüber, wer Kolumbus wirklich war.
Ich weiß es.

Der Erfinder

Erfinder ist ein Beruf, den man nicht lernen kann; deshalb ist er selten; heute gibt es ihn überhaupt nicht mehr. Heute werden die Dinge nicht mehr von Erfindern erfunden, sondern von Ingenieuren und Technikern, von Mechanikern, von Schreinern auch, von Architekten und von Maurern; aber die meisten erfinden nichts.

Früher aber gab es noch Erfinder. Einer von ihnen hieß Edison. Er erfand die Glühbirne und das Grammophon, das damals Phonograph hieß, er erfand das Mikrophon und baute das erste Elektrizitätswerk der Welt, er baute einen Filmaufnahmeapparat und einen Apparat, mit dem man die Filme spielen konnte.

1931 starb er.

Ohne ihn wären wir ohne Glühbirnen.

So wichtig sind Erfinder.
Der letzte starb im Jahre 1931.

1890 wurde zwar noch einer geboren,
und der lebt noch. Niemand kennt ihn,
weil er jetzt in einer Zeit lebt, in der es
keine Erfinder mehr gibt.
Seit dem Jahre 1931 ist er allein.
Das weiß er nicht, weil er schon damals
nicht mehr in der Stadt wohnte und nie
unter die Leute ging; denn Erfinder brau-
chen Ruhe.
Er wohnte weit weg von der Stadt, verließ sein Haus nie und hatte selten Besuch.
Er berechnete und zeichnete den ganzen
Tag. Er saß stundenlang da, legte seine
Stirn in Falten, fuhr sich mit der Hand
immer wieder übers Gesicht und dachte
nach.
Dann nahm er seine Berechnungen, zerriß sie und warf sie weg und begann wieder von neuem, und abends war er mür-

risch und schlecht gelaunt, weil die Sache
wieder nicht gelang.

Er fand niemanden, der seine Zeichnungen begriff, und es hatte für ihn keinen
Sinn, mit den Leuten zu sprechen. Seit
über vierzig Jahren saß er hinter seiner
Arbeit, und wenn ihn einmal jemand besuchte, versteckte er seine Pläne, weil er
fürchtete, man könnte von ihm abschrei-
ben, und weil er fürchtete, man könnte
ihn auslachen.

Er ging früh zu Bett, stand früh auf und arbeitete den ganzen Tag. Er bekam keine
Post, las keine Zeitungen und wußte
nichts davon, daß es Radios gibt.

Und nach all den Jahren kam der Abend,
an dem er nicht schlecht gelaunt war,
denn er hatte seine Erfindung erfunden,
und er legte sich jetzt überhaupt nicht
mehr schlafen. Tag und Nacht saß er
über seinen Plänen und prüfte sie nach,
und sie stimmten.

Dann rollte er sie zusammen und ging nach Jahren zum ersten Mal in die Stadt.

Sie hatte sich völlig verändert.

Wo es früher Pferde gab, da gab es jetzt Automobile, und im Warenhaus gab es eine Rolltreppe, und die Eisenbahnen fuhren nicht mehr mit Dampf. Die Straßenbahnen fuhren unter dem Boden und hießen jetzt Untergrundbahnen, und aus kleinen Kästchen, die man mit sich tragen konnte, kam Musik.

Der Erfinder staunte. Aber weil er ein Erfinder war, begriff er alles sehr schnell.

Er sah einen Kühlschrank und sagte: »Aha.«

Er sah ein Telefon und sagte: »Aha.«

Und als er rote und grüne Lichter sah, begriff er, daß man bei Rot warten muß und bei Grün gehen darf.

Und er wartete bei Rot und ging bei Grün.

Und er begriff alles, aber er staunte, und fast hätte er dabei seine eigene Erfindung vergessen.

Als sie ihm wieder einfiel, ging er auf einen Mann zu, der eben bei Rot wartete und sagte: »Entschuldigen Sie, mein Herr, ich habe eine Erfindung gemacht.«

Und der Herr war freundlich und sagte: »Und jetzt, was wollen Sie?«

Und der Erfinder wußte es nicht.

»Es ist nämlich eine wichtige Erfindung«, sagte der Erfinder, aber da schaltete die Ampel auf Grün, und sie mußten gehen.

Wenn man aber lange nicht mehr in der Stadt war, dann kennt man sich nicht mehr aus, und wenn man eine Erfindung gemacht hat, weiß man nicht, wohin man mit ihr soll.

Was hätten die Leute sagen sollen, zu denen der Erfinder sagte: »Ich habe eine Erfindung gemacht.«

Die meisten sagten nichts, einige lachten den Erfinder aus, und einige gingen weiter, als hätten sie nichts gehört.

Weil der Erfinder lange nicht mehr mit Leuten gesprochen hatte, wußte er auch nicht mehr, wie man ein Gespräch beginnt. Er wußte nicht, daß man als erstes sagt: »Bitte, können Sie mir sagen, wie spät es ist?« oder daß man sagt: »Schlechtes Wetter heute.«

Er dachte gar nicht daran, daß es unmöglich ist, einfach zu sagen: »Sie, ich habe eine Erfindung gemacht«, und als in der Straßenbahn jemand zu ihm sagte: »Ein sonniger Tag heute«, da sagte er nicht: »Ja, ein wunderschöner Tag«, sondern er sagte gleich: »Sie, ich habe eine Erfindung gemacht.«

Er konnte an nichts anderes mehr denken, denn seine Erfindung war eine große, sehr wichtige und eigenartige Erfindung. Wenn er nicht ganz sicher gewesen wäre, daß seine Pläne stimmten, dann hätte er selbst nicht daran glauben können.

Er hatte einen Apparat erfunden, in dem

man sehen konnte, was weit weg geschieht.

Und er sprang auf in der Straßenbahn, breitete seine Pläne zwischen den Beinen der Leute auf dem Boden aus und rief: »Hier schaut mal, ich habe einen Apparat erfunden, in dem man sehen kann, was weit weg geschieht.«

Die Leute taten so, als wäre nichts geschehen, sie stiegen ein und aus, und der Erfinder rief: »Schaut doch, ich habe etwas erfunden. Sie können damit sehen, was weit weg geschieht.«

»Der hat das Fernsehen erfunden«, rief jemand, und alle lachten.

»Warum lachen Sie?« fragte der Mann, aber niemand antwortete, und er stieg aus, ging durch die Straßen, blieb bei Rot stehen und ging bei Grün weiter, setzte sich in ein Restaurant und bestellte einen Kaffee, und als sein Nachbar zu ihm sagte: »Schönes Wetter heute«, da sagte der Erfinder: »Helfen Sie mir doch, ich habe das Fernsehen erfunden, und niemand will es glauben – alle lachen mich aus.« Und sein Nachbar sagte nichts mehr. Er schaute den Erfinder lange an, und der Erfinder fragte: »Warum lachen die Leute?« »Sie lachen«, sagte der Mann, »weil es das Fernsehen schon lange gibt und weil man das nicht mehr erfinden muß«, und er zeigte in die Ecke des Restaurants, wo ein Fernsehapparat stand, und fragte: »Soll ich ihn einschalten?«

Aber der Erfinder sagte: »Nein, ich möchte das nicht sehen.« Er stand auf und ging.

Seine Pläne ließ er liegen.

Er ging durch die Stadt, achtete nicht mehr auf Grün und Rot, und die Autofahrer schimpften und tippten mit dem Finger an die Stirn.

Seither kam der Erfinder nie mehr in die Stadt.

Er ging nach Hause und erfand jetzt nur noch für sich selbst.

Er nahm einen Bogen Papier, schrieb darauf »Das Automobil«, rechnete und zeichnete wochenlang und monatelang und erfand das Auto noch einmal, dann erfand er die Rolltreppe, er erfand das Telefon, und er erfand den Kühlschrank.

Alles, was er in der Stadt gesehen hatte, erfand er noch einmal.

Und jedes Mal, wenn er eine Erfindung gemacht hatte, zerriß er die Zeichnungen, warf sie weg und sagte: »Das gibt es schon.«

Doch er blieb sein Leben lang ein richtiger Erfinder, denn auch Sachen, die es gibt, zu erfinden, ist schwer, und nur Erfinder können es.

Der Mann mit dem Gedächtnis

Ich kannte einen Mann, der wußte den ganzen Fahrplan auswendig, denn das einzige, was ihm Freude machte, waren Eisenbahnen, und er verbrachte seine Zeit auf dem Bahnhof, schaute, wie die Züge ankamen und wie sie wegfuhren. Er bestaunte die Wagen, die Kraft der Lokomotiven, die Größe der Räder, bestaunte die aufspringenden Kondukteure und den Bahnhofsvorstand.

Er kannte jeden Zug, wußte, woher er kam, wohin er ging, wann er irgendwo ankommen wird und welche Züge von da wieder abfahren und wann diese ankommen werden.

Er wußte die Nummern der Züge, er wußte, an welchen Tagen sie fahren, ob sie einen Speisewagen haben, ob sie die Anschlüsse abwarten oder nicht. Er wußte, welche Züge Postwagen führen und wieviel eine Fahrkarte nach Frauenfeld, nach Olten, nach Niederbipp oder irgendwohin kostet.

Er ging in keine Wirtschaft, ging nicht ins Kino, nicht spazieren, er besaß kein Fahrrad, keinen Radio, kein Fernsehen, las keine Zeitungen, keine Bücher, und wenn er Briefe bekommen hätte, hätte er auch diese nicht gelesen. Dazu fehlte ihm die Zeit, denn er verbrachte seine Tage im Bahnhof, und nur wenn der Fahrplan wechselte, im Mai und im Oktober, sah man ihn einige Wochen nicht mehr.

Dann saß er zu Hause an seinem Tisch und lernte auswendig, las den neuen Fahrplan von der ersten bis zur letzten Seite, merkte sich die Änderungen und freute sich über sie.

Es kam auch vor, daß ihn jemand nach einer Abfahrtszeit fragte. Dann strahlte er übers ganze Gesicht und wollte genau wissen, wohin die Reise gehe, und wer

ihn fragte, verpaßte die Abfahrtszeit bestimmt, denn er ließ den Frager nicht
mehr los, gab sich nicht damit zufrieden,
die Zeit zu nennen, er nannte gleich die
Nummer des Zuges, die Anzahl der Wagen, die möglichen Anschlüsse, die Fahr-
zeiten; erklärte, daß man mit diesem Zug
nach Paris fahren könne, wo man umsteigen müsse und wann man ankäme,
und er begriff nicht, daß das die Leute
nicht interessierte. Wenn ihn aber jemand stehenließ und weiterging, bevor er
sein ganzes Wissen erzählt hatte, wurde
er böse, beschimpfte die Leute und rief
ihnen nach: »Sie haben keine Ahnung
von Eisenbahnen!«
Er selbst bestieg nie einen Zug.
Das hätte auch keinen Sinn, sagte er,
denn er wisse ja zum voraus, wann der
Zug ankomme.
»Nur Leute mit schlechtem Gedächtnis
fahren Eisenbahn«, sagte er, »denn wenn
sie ein gutes Gedächtnis hätten, könnten

sie sich doch wie ich die Abfahrts- und Ankunftszeit merken, und sie müßten nicht fahren, um die Zeit zu erleben.«

Ich versuchte, es ihm zu erklären, ich sagte: »Es gibt aber Leute, die freuen sich über die Fahrt, die fahren gern Eisenbahn und schauen zum Fenster hinaus und schauen, wo sie vorbeikommen.«

Da wurde er böse, denn er glaubte, ich wolle ihn auslachen, und er sagte: »Auch das steht im Fahrplan, sie kommen an Luterbach vorbei und an Deitigen, an Wangen, Niederbipp, Önsingen, Ober-buchsiten, Egerkingen und Hägendorf.«

»Vielleicht müssen die Leute mit der Bahn fahren, weil sie irgendwohin wol-len«, sagte ich.

»Auch das kann nicht wahr sein«, sagte er, »denn fast alle kommen irgend einmal zurück, und es gibt sogar Leute, die stei-gen jeden Morgen hier ein und kommen jeden Abend zurück – so ein schlechtes Gedächtnis haben sie.«

Und er begann, die Leute auf dem Bahnhof zu beschimpfen. Er rief ihnen nach:
»Ihr Idioten, ihr habt kein Gedächtnis.«
Er rief ihnen nach: »An Hägendorf wer-
det ihr vorbeikommen«, und er glaubte,
er verderbe ihnen damit den Spaß.

Er rief: »Sie Dummkopf, Sie sind schon
gestern gefahren.« Und als die Leute nur
lachten, begann er sie von den Trittbret-
tern zu reißen und beschwor sie, ja nicht
mit dem Zug zu fahren.
»Ich kann Ihnen alles erklären«, schrie
er, »Sie kommen um 14 Uhr 27 an Hägendorf vorbei, ich weiß es genau, und
Sie werden es sehen, Sie verbrauchen Ihr
Geld für nichts, im Fahrplan steht alles.«
Bereits versuchte er, die Leute zu verprü-
geln.
»Wer nicht hören will, muß fühlen«, rief
er.
Da blieb dem Bahnhofsvorstand nichts

anderes übrig, als dem Mann zu sagen, daß er ihm den Bahnhof verbieten müsse, wenn er sich nicht anständig aufführe. Und der Mann erschrak, weil er ohne Bahnhof nicht leben konnte, und er sagte kein Wort mehr, saß den ganzen Tag auf der Bank, sah die Züge ankommen und die Züge wegfahren, und nur hie und da flüsterte er einige Zahlen vor sich hin, und er schaute den Leuten nach und konnte sie nicht begreifen.

Hier wäre die Geschichte eigentlich zu Ende.

Aber viele Jahre später wurde im Bahnhof ein Auskunftsbüro eröffnet. Dort saß ein Beamter in Uniform hinter dem Schalter, und er wußte auf alle Fragen über die Bahn eine Antwort. Das glaubte der Mann mit dem Gedächtnis nicht, und er ging jeden Tag ins neue Auskunftsbüro und fragte etwas sehr Kompliziertes, um den Beamten zu prüfen.

Er fragte: »Welche Zugnummer hat der Zug, der um 16 Uhr 24 an den Sonntagen im Sommer in Lübeck ankommt?«

Der Beamte schlug ein Buch auf und nannte die Zahl.

Er fragte: »Wann bin ich in Moskau, wenn ich hier mit dem Zug um 6 Uhr 59 abfahre?«, und der Beamte sagte es ihm.

Da ging der Mann mit dem Gedächtnis nach Hause, verbrannte seine Fahrpläne und vergaß alles, was er wußte.

Am andern Tag aber fragte er den Beamten: »Wie viele Stufen hat die Treppe vor dem Bahnhof?«, und der Beamte sagte: »Ich weiß es nicht.«

Jetzt rannte der Mann durch den ganzen Bahnhof, machte Luftsprünge vor Freude und rief: »Er weiß es nicht, er weiß es nicht.«

Und er ging hin und zählte die Stufen der Bahnhoftreppe und prägte sich die Zahl in sein Gedächtnis ein, in dem jetzt keine Abfahrtszeiten mehr waren.

Dann sah man ihn nie mehr im Bahnhof.

Er ging jetzt in der Stadt von Haus zu Haus und zählte die Treppenstufen und merkte sie sich, und er wußte jetzt Zahlen, die in keinem Buch der Welt stehen.

Als er aber die Zahl der Treppenstufen in der ganzen Stadt kannte, kam er auf den Bahnhof, ging an den Bahnschalter, kaufte sich eine Fahrkarte und stieg zum ersten Mal in seinem Leben in einen Zug, um in eine andere Stadt zu fahren und auch dort die Treppenstufen zu zählen, und dann weiter zu fahren, um die Treppenstufen in der ganzen Welt zu zählen, um etwas zu wissen, was niemand weiß und was kein Beamter in Büchern nachlesen kann.

Jodok läßt grüßen

Von Onkel Jodok weiß ich gar nichts, außer daß er der Onkel des Großvaters war. Ich weiß nicht, wie er aussah, ich weiß nicht, wo er wohnte und was er arbeitete.
Ich kenne nur seinen Namen: Jodok.
Und ich kenne sonst niemanden, der so heißt.
Der Großvater begann seine Geschichten mit: »Als Onkel Jodok noch lebte« oder mit »Als ich den Onkel Jodok besuchte« oder »Als mir Onkel Jodok eine Maulgeige schenkte«.
Aber er erzählte nie von Onkel Jodok, sondern nur von der Zeit, in der Jodok noch lebte, von der Reise zu Jodok und von der Maulgeige von Jodok. Und wenn man ihn fragte: »Wer war Onkel Jodok?«, dann sagte er: »Ein gescheiter Mann.«

Die Großmutter jedenfalls kannte keinen solchen Onkel, und mein Vater mußte lachen, wenn er den Namen hörte. Und der Großvater wurde böse, wenn der Vater lachte, und dann sagte die Großmutter: »Ja, ja, der Jodok«, und der Großvater war zufrieden.

Lange Zeit glaubte ich, Onkel Jodok sei Förster gewesen, denn als ich einmal zum Großvater sagte: »Ich will Förster werden«, sagte er, »das würde den Onkel Jodok freuen.«

Aber als ich Lokomotivführer werden wollte, sagte er das auch, und auch als ich nichts werden wollte. Der Großvater sagte immer: »Das würde den Onkel Jodok freuen.«

Aber der Großvater war ein Lügner.

Ich hatte ihn zwar gern, aber er war in seinem langen Leben zum Lügner geworden.

Oft ging er zum Telefon, nahm den Hörer, stellte eine Nummer ein und sagte ins

Telefon: »Tag, Onkel Jodok, wie gehts denn, Onkel Jodok, nein, Onkel Jodok, ja doch, bestimmt, Onkel Jodok«, und wir wußten alle, daß er beim Sprechen die Gabel runterdrückte und nur so tat.

Und die Großmutter wußte es auch, aber sie rief trotzdem: »Laß jetzt das Telefonieren, das kommt zu teuer.« Und der Großvater sagte: »Ich muß jetzt Schluß machen, Onkel Jodok« und kam zurück und sagte: »Jodok läßt grüßen.«

Dabei hatte er früher immer gesagt: »Als Onkel Jodok noch lebte«, und jetzt sagte er schon: »Wir müssen unsern Onkel Jodok mal besuchen.«

Oder er sagte: »Onkel Jodok besucht uns bestimmt«, und er schlug sich dabei aufs Knie, aber das sah nicht überzeugend aus, und er merkte es und wurde still und ließ dann seinen Jodok für kurze Zeit sein.

Und wir atmeten auf.

Aber dann begann es wieder:

Jodok hat angerufen.

Jodok hat immer gesagt.

Jodok ist derselben Meinung.

Der trägt einen Hut wie Onkel Jodok.

Onkel Jodok geht gern spazieren.

Onkel Jodok erträgt jede Kälte.

Onkel Jodok liebt die Tiere liebt Onkel Jodok geht mit ihnen spazieren bei jeder Kälte geht Onkel Jodok mit den Tieren geht Onkel Jodok verträgt jede Kälte verträgt der Onkel Jodok d-e-r O-n-k-e-l J-o-d-o-k.

Und wenn wir, seine Enkel, zu ihm kamen, fragte er nicht: »Wieviel gibt zwei mal sieben«, oder: »Wie heißt die Hauptstadt von Island«, sondern: »Wie schreibt man Jodok?«

Jodok schreibt man mit einem langen J und ohne CK, und das Schlimme an Jodok waren die beiden O. Man konnte sie nicht mehr hören, den ganzen Tag in der Stube des Großvaters die O von Joodook.

Und der Großvater liebte die O von
Jooodoook, und sagte:
Onkel Jodok kocht große Bohnen.
Onkel Jodok lobt den Nordpol.
Onkel Jodok tobt froh.
Dann wurde es bald so schlimm, daß er
alles mit O sagte:
Onkol Jodok word ons bosochon, or ost
on goschoter Monn, wor roson morgon
zom Onkol.
Oder so:
Onkoljodok word
onsbosochon orost
ongoschotor mon
woroson mor
gonzomonkol.
Und die Leute fürchteten sich mehr und
mehr vor dem Großvater, und er begann
jetzt sogar zu behaupten, er kenne keinen
Jodok, habe nie einen gekannt. *Wir* hätten davon angefangen. *Wir* hätten ge-
fragt: »Wer war Onkel Jodok?«
Es hatte keinen Sinn, mit ihm zu streiten.

Es gab für ihn nichts anderes mehr als Jodok.

Bereits sagte er zum Briefträger: »Guten Tag, Herr Jodok«, dann nannte er mich Jodok und bald alle Leute.

Jodok war sein Kosename: »Mein lieber Jodok«, sein Schimpfwort: »Vermaledeiter Jodok« und sein Fluch: »Zum Jodok noch mal.«

Er sagte nicht mehr: »Ich habe Hunger«, er sagte: »Ich habe Jodok.« Später sagte er auch nicht mehr »Ich«, dann hieß es »Jodok hat Jodok«.

Er nahm die Zeitung, schlug die Seite »Jodok und Jodok« – nämlich Unglück und Verbrechen – auf und begann vorzulesen:

»Am Jodok ereignete sich auf der Jodok bei Jodok ein Jodok, der zwei Jodok forderte. Ein Jodok fuhr auf der Jodok von Jodok nach Jodok. Kurze Jodok später ereignete sich auf der Jodok von Jodok der Jodok mit einem Jodok. Der Jodok des Jodok, Jodok Jodok, und sein Jodok, Jodok Jodok, waren auf dem Jodok tot.«

Die Großmutter stopfte sich die Finger in die Ohren und rief: »Ich kann's nicht mehr hören, ich ertrag es nicht.« Aber mein Großvater hörte nicht auf. Er hörte sein ganzes Leben lang nicht auf, und mein Großvater ist sehr alt geworden, und ich habe ihn sehr gern gehabt. Und wenn er zum Schluß auch nichts anderes mehr als Jodok sagte, haben wir zwei uns doch immer sehr gut verstanden. Ich war sehr jung und der Großvater sehr alt, er nahm mich auf die Knie und jodokte Jodok die Jodok vom Jodok Jodok – das heißt: »Er erzählte mir die Geschichte von Onkel Jodok«, und ich freute mich sehr über die Geschichte, und alle, die älter waren als ich, aber jünger als mein Großvater, verstanden nichts und wollten nicht, daß er mich auf die Knie nahm, und als er starb, weinte ich sehr.

Ich habe allen Verwandten gesagt, daß man auf seinen Grabstein nicht Friedrich Glauser, sondern Jodok Jodok schreiben müsse, mein Großvater habe es so gewünscht. Man hörte nicht auf mich, so sehr ich auch weinte.

Aber leider, leider ist diese Geschichte nicht wahr, und leider war mein Großvater kein Lügner, und er ist leider auch nicht alt geworden.

Ich war noch sehr klein, als er starb, und ich erinnere mich nur noch daran, wie er einmal sagte: »Als Onkel Jodok noch lebte«, und meine Großmutter, die ich nicht gern gehabt habe, schrie ihn schroff an: »Hör auf mit deinem Jodok«, und der Großvater wurde ganz still und traurig und entschuldigte sich dann.

Da bekam ich eine große Wut – es war die erste, an die ich mich noch erinnere – und ich rief: »Wenn *ich* einen Onkel Jodok hätte, ich würde von nichts anderem mehr sprechen!«

Und wenn das mein Großvater getan hätte, wäre er vielleicht älter geworden, und ich hätte heute noch einen Großvater, und wir würden uns gut verstehen.

Der Mann, der nichts
mehr wissen wollte

»Ich will nichts mehr wissen«, sagte der Mann, der nichts mehr wissen wollte.

Der Mann, der nichts mehr wissen wollte, sagte: »Ich will nichts mehr wissen.«

Das ist schnell gesagt.

Das ist schnell gesagt.

Und schon läutete das Telefon.

Und anstatt das Kabel aus der Wand zu reißen, was er hätte tun sollen, weil er nichts mehr wissen wollte, nahm er den Hörer ab und sagte seinen Namen.

»Guten Tag«, sagte der andere.

Und der Mann sagte auch: »Guten Tag.«

»Es ist schönes Wetter heute«, sagte der andere.

Und der Mann sagte nicht: »Ich will das

nicht wissen«, er sagte sogar: »Ja sicher, es ist sehr schönes Wetter heute.«

Und dann sagte der andere noch etwas.

Und dann sagte der Mann noch etwas.

Und dann legte er den Hörer auf die Gabel, und er ärgerte sich sehr, weil er jetzt wußte, daß es schönes Wetter ist.

Und jetzt riß er doch das Kabel aus der Wand und rief: »Ich will auch das nicht wissen, und ich will es vergessen.«

Das ist schnell gesagt.

Das ist schnell gesagt.

Denn durch das Fenster schien die Sonne, und wenn die Sonne durch das Fenster scheint, weiß man, daß schönes Wetter ist. Der Mann schloß die Läden, aber nun schien die Sonne durch die Ritzen.

Der Mann holte Papier und verklebte die Fensterscheiben und saß im Dunkeln.

Und so saß er lange Zeit, und seine Frau kam und sah die verklebten Fenster und erschrak. Sie fragte: »Was soll das?«

»Das soll die Sonne abhalten«, sagte der Mann.

»Dann hast du kein Licht«, sagte die Frau.

»Das ist ein Nachteil«, sagte der Mann, »aber es ist besser so, denn wenn ich keine Sonne habe, habe ich zwar kein Licht, aber ich weiß dann wenigstens nicht, daß schönes Wetter ist.«

»Was hast du gegen das schöne Wetter?« sagte die Frau, »schönes Wetter macht froh.«

»Ich habe«, sagte der Mann, »nichts gegen das schöne Wetter, ich habe überhaupt nichts gegen das Wetter. Ich will nur nicht wissen, wie es ist.«

»Dann dreh wenigstens das Licht an«, sagte die Frau, und sie wollte es andrehen, aber der Mann riß die Lampe von der Decke und sagte: »Ich will auch das nicht mehr wissen, ich will auch nicht mehr wissen, daß man das Licht andrehen kann.«

Da weinte seine Frau.

Und der Mann sagte: »Ich will nämlich gar nichts mehr wissen.«

Und weil das die Frau nicht begreifen konnte, weinte sie nicht mehr und ließ ihren Mann im Dunkeln.

Und da blieb er sehr lange Zeit.

Und die Leute, die zu Besuch kamen, fragten die Frau nach ihrem Mann, und die Frau erklärte ihnen: »Das ist nämlich so, er sitzt nämlich im Dunkeln und will nämlich nichts mehr wissen.«

»Was will er nicht mehr wissen?« fragten die Leute, und die Frau sagte:

»Nichts, gar nichts mehr will er wissen.

Er will nicht mehr wissen, was er sieht – nämlich wie das Wetter ist.

Er will nicht mehr wissen, was er hört – nämlich was die Leute sagen.

Und er will nicht mehr wissen, was er weiß – nämlich wie man das Licht andreht.

So ist das nämlich«, sagte die Frau.
»Ah, so ist das«, sagten die Leute, und sie kamen nicht mehr zu Besuch.

Und der Mann saß im Dunkeln.
Und seine Frau brachte ihm das Essen.
Und sie fragte: »Was weißt du nicht mehr?«
Und er sagte: »Ich weiß noch alles«, und er war sehr traurig, weil er noch alles wußte.
Da versuchte ihn seine Frau zu trösten und sagte: »Aber du weiß doch nicht, wie das Wetter ist.«
»Wie es ist, weiß ich nicht«, sagte der Mann, »aber ich weiß es immer noch, wie es sein kann. Ich erinnere mich noch an Regentage, und ich erinnere mich an sonnige Tage.«
»Du wirst es vergessen«, sagte die Frau.
Und der Mann sagte:
»Das ist schnell gesagt.
Das ist schnell gesagt.«

Und er blieb im Dunkeln, und seine Frau brachte ihm täglich das Essen, und der Mann schaute auf den Teller und sagte: »Ich weiß, daß das Kartoffeln sind, ich weiß, daß das Fleisch ist, und ich kenne den Blumenkohl; und es nützt alles nichts, ich werde immer alles wissen. Und jedes Wort, das ich sage, weiß ich.«

Und als seine Frau ihn das nächste Mal fragte: »Was weißt du noch?« da sagte er: »Ich weiß viel mehr als vorher, ich weiß nicht nur, wie schönes Wetter und wie schlechtes Wetter ist, ich weiß jetzt auch, wie das ist, wenn kein Wetter ist. Und ich weiß, daß, wenn es ganz dunkel ist, daß es dann immer noch nicht dunkel genug ist.«

»Es gibt aber Dinge, die du nicht weißt«, sagte seine Frau und wollte gehen, und als er sie zurückhielt, sagte sie: »Du weißt nämlich nicht, wie ›schönes Wetter‹ auf chinesisch heißt«, und sie ging und schloß die Tür hinter sich.

Da begann der Mann, der nichts mehr wissen wollte, nachzudenken. Er konnte wirklich kein Chinesisch, und es nützt ihm nichts, zu sagen: »Ich will auch das nicht mehr wissen«, weil er es ja noch gar nicht wußte.

»Ich muß zuerst wissen, was ich nicht wissen will«, rief der Mann und riß das Fenster auf und öffnete die Läden, und vor dem Fenster regnete es, und er schaute in den Regen.

Dann ging er in die Stadt, um sich Bücher zu kaufen über das Chinesische, und er kam zurück und saß wochenlang hinter diesen Büchern und malte chinesische Schriftzeichen aufs Papier.

Und wenn Leute zu Besuch kamen und die Frau nach ihrem Mann fragten, sagte sie: »Das ist nämlich so, er lernt jetzt Chinesisch, so ist das nämlich.«

Und die Leute kamen nicht mehr zu Besuch.

Es dauert aber Monate und Jahre, bis man das Chinesische kann, und als er es endlich konnte, sagte er:

»Ich weiß aber immer noch nicht genug.

Ich muß alles wissen. Dann erst kann ich sagen, daß ich das alles nicht mehr wissen will.

Ich muß wissen, wie der Wein schmeckt, wie der schlechte schmeckt und wie der gute.

Und wenn ich Kartoffeln esse, muß ich wissen, wie man sie anpflanzt.

Ich muß wissen, wie der Mond aussieht, denn wenn ich ihn sehe, weiß ich noch lange nicht, wie er aussieht, und ich muß wissen, wie man ihn erreicht.

Und die Namen der Tiere muß ich wissen und wie sie aussehen und was sie tun und wo sie leben.«

Und er kaufte sich ein Buch über die Kaninchen und ein Buch über die Hühner und ein Buch über die Tiere im Wald und eines über die Insekten.

Und dann kaufte er sich ein Buch über das Panzernashorn.

Und das Panzernashorn fand er schön.

Er ging in den Zoo und fand es da, und es stand in einem großen Gehege und bewegte sich nicht.

Und der Mann sah genau, wie das Panzernashorn versuchte zu denken und versuchte, etwas zu wissen, und er sah, wie sehr ihm das Mühe machte.

Und jedesmal, wenn dem Panzernashorn etwas einfiel, rannte es los vor Freude, drehte zwei, drei Runden im Gehege und vergaß dabei, was ihm eingefallen war, und blieb dann lange stehen – eine Stunde, zwei Stunden – und rannte, wenn es ihm einfiel, wieder los.

Und weil es immer ein kleines bißchen zu früh losrannte, fiel ihm eigentlich gar nichts ein.

»Ein Panzernashorn möchte ich sein«, sagte der Mann, »aber dazu ist es jetzt wohl zu spät.«

Dann ging er nach Hause und dachte an sein Nashorn.

Und er sprach von nichts anderem mehr.

»Mein Panzernashorn«, sagte er, »denkt zu langsam und rennt zu früh los, und das ist recht so«, und er vergaß dabei, was er alles wissen wollte, um es nicht mehr wissen zu wollen.

Und er führte sein Leben weiter wie vorher.

Nur, daß er jetzt noch Chinesisch konnte.

Inhalt

Peter Bichsel
im Suhrkamp Verlag

Alles von mir gelernt. Kolumnen 1995-1999.
265 Seiten. Leinen

Der Busant. Von Trinkern, Polizisten und der schönen
Magelone. st 3101. 124 Seiten

Cherubin Hammer und Cherubin Hammer. Eine
Erzählung. st 3165. 112 Seiten

Eigentlich möchte Frau Blum den Milchmann kennenlernen.
21 Geschichten. st 2567. 73 Seiten

Ein Tisch ist ein Tisch. Bilder von Angela von Roehl.
22 Seiten. Pappband

Gegen unseren Briefträger konnte man nichts machen.
Kolumnen 1990-1994. 248 Seiten. Leinen

Geschichten zur falschen Zeit. Kolumnen 1975-1978.
st 2872. 187 Seiten

Im Gegenteil. Kolumnen 1986-1990. st 3027. 144 Seiten

Irgendwo anderswo. Kolumnen 1980-1985. st 2932. 156 Seiten

Die Jahreszeiten. st 2780. 121 Seiten

Kindergeschichten. st 2642. 84 Seiten

Der Leser. Das Erzählen. Frankfurter Poetik-Vorlesungen.
st 2643. 97 Seiten

NF 251/1/8.00

Schulmeistereien. st 2841. 178 Seiten

Des Schweizers Schweiz. Aufsätze. st 2769. 100 Seiten

Die Totaldemokraten. Aufsätze über die Schweiz.
es 2087. 120 Seiten

Zur Stadt Paris. Geschichten. st 2734. 120 Seiten

Über Peter Bichsel

In Olten umsteigen. Über Peter Bichsel. Herausgegeben von
Herbert Hoven. st 3102. 160 Seiten

NF 251/2/8.00

Peter Bichsel

Der Busant

Von Trinkern, Polizisten
und der schönen Magelone
suhrkamp taschenbuch 3101
128 Seiten

Busant heißt ein reicher Heimwehsolothurner, mit dessen
Geld Solothurns Altstadt »schöngemacht« (und unbe-
wohnbar) wird. Busant ist aber auch der Name des Vo-
gels, der die mittelalterliche Geschichte von der schönen
Magelone und dem Grafen Peter von Provence, die Geschichte einer lebenslangen Liebe und Suche, ausgelöst
hat. Und die schöne Magelone ist nicht nur eine Königs-
tochter aus dem fernen Neapel, sondern auch eine ewig
betrunkene Sekretärin oder Serviertochter aus dem heuti-
gen Solothurn ...
Die Erzählungen dieses Bandes ergeben, »in acht Varia-
tionen, die lange Liebes- und Leidensgeschichte des Er-
zählens: welche Kraft ihm eignet und an welche Grenzen
es stößt, wie es seine Gegenstände dem Leben, aber zugleich dem Sog seiner Endlichkeit entzieht«.
Heinz F. Schafroth

Peter Bichsel, geboren 1935, lebt in Solothurn.

NF 222/1/5.00

suhrkamp taschenbücher
Eine Auswahl

Isabel Allende
- Das Geisterhaus. Übersetzt von Anneliese Botond.
  st 1676. 500 Seiten
- Porträt in Sepia. Übersetzt von Lieselotte Kolanoske.
  st 3487. 512 Seiten

Ingeborg Bachmann. Malina. Roman. st 641. 368 Seiten

Jurek Becker
- Jakob der Lügner. Roman. st 774. 283 Seiten
- Amanda herzlos. Roman. st 2295. 384 Seiten

Louis Begley
- Lügen in Zeiten des Krieges. Roman. Übersetzt von Christa
  Krüger. st 2546. 223 Seiten
- Schmidt. Roman. Übersetzt von Christa Krüger
  st 3000. 320 Seiten
- Schmidts Bewährung. Roman. Übersetzt von Christa
  Krüger. st 3436. 314 Seiten

Thomas Bernhard. Ein Lesebuch. Herausgegeben von
Raimund Fellinger. st 3165. 112 Seiten

Peter Bichsel
- Kindergeschichten. st 2642. 84 Seiten
- Cherubin Hammer und Cherubin Hammer.
  st 3165. 112 Seiten

Truman Capote. Die Grasharfe. Roman. Übersetzt von
Annemarie Seidel und Friedrich Podszus. st 3135. 208 Seiten

Paul Celan. Gesammelte Werke in sieben Bänden. Sieben Bände in Kassette. st 3202-st 3208. 3380 Seiten

Marguerite Duras. Der Liebhaber. Übersetzt von Ilma Rakusa. st 1629. 194 Seiten

Hans Magnus Enzensberger. Der Fliegende Robert. Gedichte, Szenen, Essays. st 1962. 350 Seiten

Max Frisch
- Homo faber. Ein Bericht. st 354. 203 Seiten
- Stiller. Roman. st 105. 438 Seiten

Norbert Gstrein. Der Kommerzialrat. Bericht. st 2718. 148 Seiten

Marie Hermanson. Muschelstrand. Roman. Übersetzt von Regine Elsässer. st 3390. 304 Seiten

Peter Handke. Mein Jahr in der Niemandsbucht. Ein Märchen aus den neuen Zeiten. st 3084. 632 Seiten

Hermann Hesse.
- Das Glasperlenspiel. Versuch einer Lebensbeschreibung des Magister Ludi Josef Knecht samt Knechts hinterlassenen Schriften. st 2572. 616 Seiten
- Siddhartha. Eine indische Dichtung. st 182. 136 Seiten

Ludwig Hohl. Die Notizen oder Von der unvoreiligen Versöhnung. st 1000. 832 Seiten

Yasushi Inoue. Das Jagdgewehr. Übersetzt von Oskar Benl. st 2909. 98 Seiten

Uwe Johnson. Jahrestage. Aus dem Leben der Gesine Cresspahl. Einbändige Ausgabe. st 3220. 1728 Seiten

James Joyce. Ulysses. Roman. Übersetzt von Hans Wollschläger. st 2551. 988 Seiten

Franz Kafka. Der Prozeß. Roman. st 2837. 282 Seiten

Bodo Kirchhoff. Infanta. Roman. st 1872. 502 Seiten

Andreas Maier. Wäldchestag. Roman. st 3381. 315 Seiten

Magnus Mills. Die Herren der Zäune. Roman. Übersetzt von Katharina Böhmer. st 3383. 216 Seiten

Cees Nooteboom. Allerseelen. Roman. Übersetzt von Helga van Beuningen. st 3163. 440 Seiten

Juan Carlos Onetti. Das kurze Leben. Roman. Übersetzt von Curt Meyer-Clason. Mit einem Nachwort von Durs Grünbein. st 3017. 380 Seiten

Marcel Proust. In Swanns Welt. Auf der Suche nach der verlorenen Zeit. Übersetzt von Eva Rechel-Mertens. st 2671. 564 Seiten

Hans-Ulrich Treichel. Der Verlorene. Erzählung. st 3061. 175 Seiten

Mario Vargas Llosa. Tante Julia und der Kunstschreiber. Roman. Übersetzt von Heidrun Adler. st 1520. 392 Seiten

Martin Walser. Ein fliehendes Pferd. Novelle. st 600. 151 Seiten

Ernst Weiß. Der arme Verschwender. st 3004. 450 Seiten